ENERGIZE YOUR LIFE

Mehr Energie - Mehr Freude - Mehr Leichtigkeit

Der Energiedetektiv

Voller Energie durch den Alltag

Das Arbeitsheft zum Onlinekurs

Mehr Energie - Mehr Freude - Mehr Leichtigkeit

Der Energiedetektiv

Voller Energie durch den Alltag

Das Arbeitsheft zum Onlinekurs

ENERGIZE YOUR LIFE

Mehr Energie - Mehr Freude - Mehr Leichtigkeit

Herstellung und Verlag:
Books on Demand GmbH, Norderstedt
ISBN 9783752895759

Bibliografische Information der Deutschen Nationalbibliothek: Die Deutsche Nationalbibliothek verzeichnet diese Publikation in der Deutschen Nationalbibliografie; detaillierte bibliografische Daten sind im Internet über dnb.d-nb.de abrufbar.

Herzlichen Glückwunsch,

dass Du Dich dazu entschieden hast, mit Hilfe des `Energiedetektivs´ auf die Suche nach Deinen Energiequellen zu gehen. `Der `Energiedetektiv´ ist ein Selbstcoachingkurs, in dem Du ein **Bewusstsein** für Deinen Energiehaushalt entwickeln kannst bzw. lernst mit Deinen Lebensenergien gut zu haushalten.

Dies ist das Arbeitsbuch zum Online-Kurs `Der Energiedetektiv´, für welches Du Dich in der `Good-Life-Online-Akademie´ einschreiben kannst.

Mit der Erstellung Deiner Energiebilanz erfährst Du, wo genau Deine Energiespender und Deine Energiefresser im Leben sind und wo es vielleicht noch brachliegende und unentdeckte Energiequellen gibt.

Durch die Arbeit mit der unterstützenden Struktur des Energieressourcenmodells© hast Du die Möglichkeit, Dein Leben aus der Vogelperspektive zu betrachten und zu reflektieren. Betrachte es als spannende Reise zu Dir selbst, auf der ich Dich gerne als Reisebegleiterin mit Hintergrundinformationen, bewährten Übungen, reflektierenden Fragen und wertvollen Tipps versorge.

Lese auf den nächsten Seiten, was Dich in diesem Selbstcoaching-Kurs erwartet. Beachte bitte auch die generellen Hinweise zum Selbstcoaching.

Jetzt wünsche ich Dir viele spannende Momente mit vbi interessanten Erkenntnissen, viel Freude und Erfolg im Tun, sowie Sonne in Herz und Hirn.

Herzlichst
Deine Silke Sieben

Mehr Energie - Mehr Freude - Mehr Leichtigkeit

Einleitung

Was erwartet Dich?

Der Kurs besteht aus drei Lektionen:

Lektion 1: Hier erhältst Du Hintergrundinformationen zum Thema `Lebensenergie´.

Lektion 2: In der zweiten Lektion stelle ich Dir das `Energieressourcenmodell´ vor und leite Dich zur Erstellung Deiner Energiebilanz an. Nach einer Analyse leitest Du entsprechende Veränderungspotenziale ab. Abschließend zeige ich Dir, wie Du in vier Schritten, einen Wandel erfolgreich einleiten kannst.

Lektion 3: Zum Abschluss erhältst du Tipps, wie Du Deine Energiebilanz auf ein höheres Niveau heben kannst.

Hinweise zum Selbstcoaching

1. **Lass Dir bitte ausreichend Zeit** bei der Bearbeitung der einzelnen Übungen. Selbstreflexion erfordert Zeit und Muße. Niemand drängt Dich. Es geht schließlich um Dein Leben. Nimm Dir die Zeit, die Du brauchst.

2. Die meisten Übungen bauen aufeinander auf. **Bearbeite sie nacheinander** und gehe sie Schritt für Schritt durch.

3. Die Übungen und die dazugehörigen Reflexionsfragen sind nur wirksam, wenn **Du absolut ehrlich zu Dir bist** und Dir nicht in die Tasche lügst. Ansonsten verschwendest Du Deine Zeit und Dein Geld. Auch wenn Du davon reichlich haben solltest, wäre das schade. Einige Erkenntnisse werden vielleicht schmerzhaft sein, andere erheiternd oder erhellend. Aber alle sind gleich wichtig und werden Dich auf Deinem Weg und Deiner Persönlichkeitsentwicklung weiterbringen. Du wirst quasi zum Detektiv in eigener Sache und startest eine spannende Reise ins `Abenteuer Selbst´☺.

4. Dabei hast Du die Möglichkeit, Dir eine Coachingpartnerin als `Reisebegleiterin´ zu suchen, was viele Vorteile mit sich bringen kann:

   o Durch den Austausch mit einer Person Deines Vertrauens kannst Du Deinen

Reflexionsprozess vertiefen und den Erkenntnisgewinn fördern. Oft haben wir einen blinden Fleck, was die eigene Situation und Person betrifft. Eine Coachingpartnerin beleuchtet diesen möglicherweise, da sie als neutrale Person außen steht. Sie kann uns wertvolle Hinweise sowie Denk- und Handlungsimpulse mit auf den Weg geben, auf die wir von alleine vielleicht nicht gekommen wären.

o Wenn wir uns einer anderen Person mitteilen, erhöht dies die Verbindlichkeit gegenüber unseren Vorhaben und Versprechen.

o All dies gilt natürlich auch umgekehrt: Indem wir unsere Coachingpartnerin auf ihrem Weg unterstützen, entwickeln wir uns auch weiter und haben die Möglichkeit Anregungen zu geben, aber auch für unser Leben mitzunehmen.

Allgemeiner Hinweis

Das Coaching ersetzt weder einen Arztbesuch, eine ärztliche Diagnose oder Behandlung noch eine Therapie im üblichen Sinne oder eine Sport- oder Bewegungstherapie! Bitte suche zur Klärung deines physischen oder psychischen Gesundheitszustandes zuerst einen Arzt und/oder Therapeuten auf! Das Selbstcoaching kann Dich auf Deinem Weg unterstützen, Deine Lebensqualität zu verbessern - aber gehen musst Du ihn selbst ☺.

Unsere Lebensenergie

Der Akku ist leer...

„Der Akku ist leer. Die Batterie ist leer…", klagte neulich eine Freundin am Telefon. Sie ist alleinerziehende Mutter und in Vollzeit berufstätig, aufgerieben zwischen den Anforderungen ihrer verschiedenen Lebenswelten: der Arbeit, dem Kind, dem Partner, der Freizeit. Kennst Du das auch? Bestimmt! Wer kennt das nicht?! Die Frage ist: Wo bleiben wir dabei? Sind wir hauptsächlich für andere da oder denken wir hin und wieder auch an uns?

Versteh mich nicht falsch: es ist gut für seine Mitmenschen da zu sein. Aber leider verlieren wir dabei zu schnell unser Wohlergehen und unsere Bedürfnisse aus den Augen, was zur Folge hat, dass wir weder Energie für uns, noch für andere übrighaben.

Die Ursachen für einen chronisch leeren Energietank sind vielfältig: Veränderungen in der Arbeitswelt (ansteigende Geschwindigkeit, zunehmende Komplexität von Inhalten, sowie Kommunikations- und Informationsverdichtung u.a.), führen dazu, dass Zeitdruck, Unsicherheit, Veränderungsdruck und somit Stress und Dauerbelastung zunehmen.

Überlastung wird jedoch nicht immer allein durch die Arbeitswelt verursacht. In einer Metaanalyse hinsichtlich Ausmaß und Stellenwert psychischer Belastungen bei der Arbeit konnte aufgezeigt werden, dass 60 % der Gesamtbelastungen, die von außen auf uns einwirken, nicht von der Arbeit, sondern aus dem Privatleben wie Familie und Freizeitgestaltung kommen. So geht der Trend – vor allem bei jüngeren Menschen – immer mehr dahin, in der Freizeit nach dem Megakick, der Grenzerfahrung zu suchen. Der eine tritt nach einer 60-Stunden-Woche noch beim Marathon an, die andere holt sich blutige Füße beim sechswöchigen Pilgern auf dem Jakobsweg. Man ist permanent auf der Jagd nach dem nächsten `Wow´, der sich dann auch möglichst gut auf Facebook oder Instagram `verwerten´ lassen muss. Im Niederrheinischen haben wir dafür einen schönen Spruch: „Es gibt kein größeres Leid, als das, was der Mensch sich selbst andeit.".

Es reicht also nicht, sich in seiner Arbeit zu verausgaben. Nein, der Leistungsanspruch geht im Privaten weiter – allerdings nicht nur freiwillig, wie hier geschildert. Gerade die `Sandwichgeneration´, die ca. 40- bis 55- Jährigen, leiden häufig unter

Mehrbelastungen: vielleicht müssen sie neben der `Aufzucht´ ihres Nachwuchses auch Angehörige pflegen. Aber auch private Konflikte, wie mit dem Partner, heben das Stressniveau erheblich an.

Ob selbst- oder fremdverursacht, immer mehr Menschen leiden unter Erschöpfung und Ausgebrannt Sein. Sie spüren, dass ihr Energieniveau aus der Balance geraten ist. Es geht mehr Energie hinaus, als hineinkommt. Viele wissen aber nicht, wie sie diesen Prozess umkehren können. Viele fühlen sich wie ein Hamster im Laufrad, der seinen Blick gerade noch auf die nächste Sprosse des sich immer schneller drehenden Lebensrades richten kann.

Gewohnheiten als Energiefresser

Zustände von Erschöpfung und Kraftlosigkeit hängen auch mit einer ungünstigen Lebensweise zusammen. Tagtäglich verschwenden wir wertvolle Energie durch zu wenig Schlaf und Bewegung, durch krankmachende Ernährungsgewohnheiten, durch den Umgang mit Menschen, die uns nicht gut tun oder – wie wir im letzten Abschnitt gesehen haben - durch ein Freizeitverhalten, dass uns mehr Kraft raubt, als es uns gibt. Den Tank unseres Autos befüllen wir regelmäßig, aber den Energietank unseres Lebens vergessen wir. Außerdem verschwenden wir viel Zeit mit unwichtigen und nebensächlichen Dingen, statt uns auf das Wesentliche im Leben zu konzentrieren.

Verantwortlich sind meist ungesunde Gewohnheiten, die wir uns im Laufe unseres Lebens angeeignet haben. Die gute Nachricht ist: Gewohnheiten lassen sich verändern und bergen dann ein großes Energiereservoir, aus dem wir täglich schöpfen können. Mantak Chia, der Begründer des Systems `Heilendes Tao´ und Begründer und Direktor des `Healing Tao Center´ in New York, schreibt in seinem Buch `Tao Yoga des Heilens´ (2009): "Wenn Sie täglich 30-60 Minuten für Ihre Gesundheit investieren, so kann ich Ihnen aus Erfahrung sagen, dass Sie bis zu vier Stunden zurückbekommen und Ihre Leistungsfähigkeit wächst." Dabei ist es nicht wichtig, ob wir nun vier, drei oder zwei Stunden zurückbekommen. Wichtig ist, dass wir mit unserem Lebensstil einen erheblichen Einfluss auf unsere Lebensqualität ausüben können und nicht ohnmächtig den Umständen ausgeliefert sind.

Die Umstände als Energiefresser

Neben einem kraftraubenden Lebensstil, den wir ohne Weiteres selbst beeinflussen können, gibt es auch äußere Umstände, die an unseren Nerven zerren, wie beispielsweise ein unliebsamer Kollege, mit dem wir unser Büro teilen müssen. Aber auch hier haben wir die Wahl: Wir können die Umstände laut beklagen, still ertragen, sie verändern oder annehmen. Die beiden ersten Vorgehensweisen sind wenig zielführend. Schimpfen wir ständig über den nervigen Kollegen, verschafft dies vielleicht zunächst eine gewisse Erleichterung, kostet uns aber auf Dauer Energie und Kraft. Doch geändert haben wir damit noch nichts. Ärgern wir uns `ein Loch in den Bauch´ ohne darüber etwas verlauten zu lassen, zieht diese Vorgehensweise meist körperliche und psychische Leiden nach sich. Eine Strategie im Sinne von

` Love it, Leave it, or Change it´

führt eher zu einem befriedigenden Ergebnis und ist gesünder. Nicht die Situation ist das Problem, sondern unser Umgang mit der Situation. Den Appell, den der deutsch-amerikanische Theologe Rheinhold Niebuhr verfasste, kann ich nur unterstreichen:

> „Finde den Mut Dinge zu ändern, die du ändern kannst. Finde die Gelassenheit, Dinge hinzunehmen, die du nicht ändern kannst. Sei weise, zwischen diesen beiden zu unterscheiden." (Reinhold Niebuhr, dt.-amerikanischer Theologe)

Eine gesunde Energiebilanz

Eine gesunde Energiebilanz sorgt dafür, dass wir unser Leben vital und voller Freude genießen können und inneren wie äußeren Herausforderungen besser gewachsen sind. Dafür müssen wir uns für die Energiespender und Energiefresser in unserem Leben sensibilisieren. Das Energieressourcenmodell im zweiten Modul wird Dir dabei helfen. Maximieren wir die Kraftspender und minimieren die Krafträuber, wird sich unser Energieniveau langfristig anheben, was zu einem sich positiv verstärkenden Kreislauf führt:

- o unsere Fitness und Gesundheit verbessern sich
- o unser Wohlbefinden und die Lebensqualität steigern sich

o   unser Selbstbild und unsere Ausstrahlung verändern sich zum Positiven
o   unser Umfeld reagiert entsprechend
o   das wiederum steigert unsere Zufriedenheit und unser Wohlbefinden
o   was wieder unsere Gesundheit stärkt.

Um wieder auf den Anfang zurückzukommen: Durch eine gesunde Energiebilanz tun wir nicht nur uns selbst einen Gefallen. Je größer unser Energiereservoir ist, desto besser sind wir auch in der Lage unseren Mitmenschen Energie zu schenken. Also sorge gut für Dich und Dein Wohlergehen. Dies ist weder egoistisch, noch untugendhaft. Deine Mitmenschen werden mehr von Dir haben, wenn Du ausgeglichen, voller Freude und Energie bist. Denn erst wenn es Dir gut geht und Dein Tank gefüllt ist, hast Du auch genügend Überschuss, um anderen etwas davon abzugeben.

Exkurs: Energie - Was ist das eigentlich?

Da hier so viel von Energie die Rede ist, möchte ich versuchen zu klären, was man unter Energie verstehen kann. Betrachten wir zunächst die westliche Tradition:

Die westliche Tradition

Der Begriff Energie stammt aus dem Griechischen - enérgeia - und bedeutet soviel wie `Tatkraft´ oder `wirkende Kraft´. Im naturwissenschaftlichen Verständnis wird Energie als die Fähigkeit eines Systems verstanden, Arbeit zu verrichten. Die menschliche Energiezufuhr erfolgt durch die Aufnahme von Nahrung. Mit Hilfe von Sauerstoff werden die Nährstoffe zu Stoffwechselprodukten verbrannt. Die dabei freiwerdende Energie steht den Zellen für ihre Aufgaben zur Verfügung. Der Körper kann so für die Erhaltung der Körperwärme, das Wachstum, die Aufrechterhaltung körperlicher und geistiger Funktionen, Stoffwechseltätigkeiten oder für die Regeneration von Haut, Haaren und Fingernägeln, sorgen. So spricht man in der westlichen Medizin von Energie, wenn der Organismus aufgrund physikalischer und biochemischer Vorgänge eine Arbeitsleistung erbringt.

Die asiatische Tradition

In der asiatischen Tradition beschäftigt man sich schon seit Jahrtausenden mit Lebensenergien. Lebenskraft oder Vitalkraft genannt `Qi´. Diese drückt sich durch die physiologische Aktivität und funktionelle Vitalität eines Organismus aus und weist somit eine Ähnlichkeit zur westlich wissenschaftlichen Sichtweise auf. Allerdings beschränkt sich der Energiebegriff hier nicht ausschließlich auf die physiologische Tätigkeit eines Organismus, sondern wird ganzheitlich betrachtet. Soziale umweltbedingte, meteorologische und sogar kosmische Einflüsse spielen hier eine Rolle. Die Begriffsdefinition der WHO von Gesundheit kommt dem schon sehr nahe: „*Gesundheit ist der Zustand völligen körperlichen, geistigen, seelischen und sozialen Wohlbefindens, der sich nicht nur durch die Abwesenheit von Krankheit oder Behinderung auszeichnet*".

Doch wollen wir uns die asiatische Betrachtungsweise von Energie oder `Qi´ genauer ansehen:

Der Fluss des `Qi´

In einem taoistischen Text des 4. Jahrhunderts unserer Zeitrechnung heißt es:
„Der Mensch lebt inmitten von Qi, und Qi erfüllt den Menschen. Angefangen bei Himmel und Erde bis zu den 10000 Wesen, alles bedarf des Qi, um zu leben. Wer das Qi zu führen weiß, nährt im Inneren seinen Körper und wehrt nach außen hin schädigende Einflüsse ab."

Nach dieser Auffassung durchdringt und begleitet Qi alles, was existiert und geschieht. Aber können wir Qi sehen? Nach Auffassung der alten Asiaten zirkuliert Energie oder Qi durch Qi-Laufbahnen, die so genannten Meridiane, unsichtbare Leitbahnen, die ähnlich dem Blutfluss, alle Bereiche des Körpers wie ein Netz durchziehen. Die Meridiane tragen daher die Namen der Organe mit denen sie in Verbindung stehen. Lebensenergie gelangt mit der eingeatmeten Luft, der Nahrung und der Flüssigkeit in den Körper und fließt dann von einem Meridian zum nächsten. Die Meridiane transportieren Lebenskraft in jede einzelne Zelle des Körpers.

Dieser Fluss kann auf Grund verschiedener Ursachen blockiert sein, so dass die Energie bestimmte Bereiche des Köpers nicht erreichen kann. Wir bzw. unsere Zellen und Organe erleiden dann in diesen Bereichen einen Energiemangel, aus dem zunächst ein Symptom und bei Nichtbeachten dieser Energieblockade dann eine Krankheit entstehen kann. Unsere Organe sind über die Meridiane mit der Körperoberfläche verbunden. So können Krankheiten des Körpers an der Oberfläche erkannt und behandelt werden. Hier setzt die Akupunktur an. Akupunkturgefäße sind Qi-Gefäße, die nach dem Modell der Traditionellen chinesischen Medizin durch das Einstechen der Nadeln den Fluss des Qi beeinflussen und in Balance bringen können. Viele Menschen haben auf Grund einer Akupunkturbehandlung eine Linderung ihrer Symptome und einige sogar ein Verschwinden erfahren.

Wie merkt man `Qi´?

Wie macht sich das Qi konkret bemerkbar? Der chinesische Arzt für westliche sowie chinesische Medizin und Qi-Gong Großmeister Qingshan Liu weist uns in seinem Buch `Qi Gong – der chinesische Weg für ein gesundes langes Leben´ auf einige uns sehr vertraute Körperreaktionen hin, anhand derer man die Bewegungen des Qi erkennen kann: die durch Gähnen verursachte Gänsehaut, Aufregungen, die mit Herzklopfen oder Schweißausbrüchen einhergehen, das Erröten und Schwitzen in peinlichen

Situation oder auch zärtliche Gefühle und sexuelle Erregung sind Anzeichen einer Bewegung des Qi. Auch die durch Kälte verursachte Gänsehaut ist eine Qi-Bewegung. Wenn man einen Schnupfen durch Kälteeinwirkung bekommt, ist das die Folge davon, dass sich das Qi im Körper zurückgezogen hat und dadurch das Immunsystem geschwächt ist. Die Auswirkungen des Qi's kann man gut durch den täglichen Sprachgebrauch nachvollziehen: beispielsweise geht uns bei Ärger ` die Galle über´, vor Angst `rutscht uns das Herz in die Hose´ oder wir ziehen uns vor Kälte zusammen, zergehen vor Hitze oder sind starr vor Schreck. Nach der asiatischen Lehre beeinflusst Qi Körper und Psyche und umgekehrt. Krankheiten entstehen durch Disharmonien im Qi-Fluss.

Angeborenes und erworbenes `Qi´

Nach der asiatischen Vorstellung wird zwischen angeborenem und erworbenem Qi differenziert. Das angeborene oder pränatale Qi, dass wir bei der Geburt von unseren Eltern mitbekommen haben, ist unsere Grundausstattung an Lebensenergie. Diese wird gestärkt oder geschwächt von dem Qi, welches wir während unseres Lebens erwerben. Erworbenes Qi wird dabei durch die Außenwelt auf psychischem und körperlichem Wege aufgenommen. Lebensführung, Nahrungsqualität, Atmung, sowie körperliche und psychische Belastungsfaktoren spielen dabei eine wesentliche Rolle.

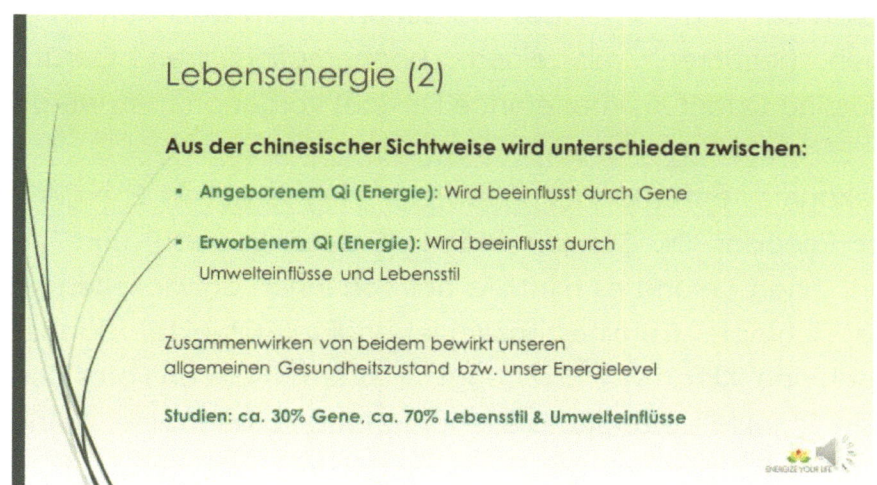

Das Zusammenwirken von angeborenem und erworbenem Qi bestimmt den allgemeinen Gesundheitszustand und die Lebensdauer eines Menschen. Man ist gesund, wenn das Qi ungehindert im Körper fließen kann, also in Harmonie ist, und

krank, wenn das Qi blockiert oder in Disharmonie ist. Wenn sich das Qi ganz zurückzieht, stirbt man. Deepak Chopra, Internist und Endokrinologe, definiert den Unterschied zwischen gesunder und ungesunder Energie folgendermaßen: „*Gesunde Energie* fließt, ist flexibel, dynamisch, ausgewogen und weich; sie geht mit positiven Empfindungen einher. Ungesunde Energie ist ins Stocken geraten, erstarrt, unbeweglich spröde, im Ungleichgewicht und hart; sie geht mit negativen Empfindungen einher. Jeder Aspekt Ihres Lebens kann sich dadurch zum Besseren verändern, dass Sie einen ungesunden in einen gesunden Energiezustand umwandeln."

Untersuchungen zum menschlichen Energiefeld

Wir alle sind Energiefelder mit einer ganz persönlichen Schwingung. Der Heilpraktiker und Mentaltrainier Kurt Tepperwein spricht dabei von einer individuellen energetischen Signatur, die von unseren Gedanken und Gefühlen beeinflusst wird und sich auf unseren Körper auswirkt. Heutzutage lässt sich das menschliche Energiefeld mit speziellen Instrumenten messen. Das Elektroenzephalogramm (EEG) misst die Aktionsströme des Gehirns und das Elektrokardiogramm (EKG) die Aktionsströme des Herzens. Mit dem Lügendetektor ist man in der Lage den elektrischen Hautwiderstand zu messen und inzwischen können sogar hochgenaue Messungen der magnetischen Felder, die sich um den Körper des Menschen herum befinden und von Herz- und Gehirnströmen herrühren, mit einem hochempfindlichen Gerät, dem SQUID (Suberconducting Quantum Interference Device) vorgenommen werden.

Die wohl bekanntesten Untersuchungen zum menschlichen Energiefeld haben das ukrainischen Ehepaar Dr. Semjon Kirlian (Elektoringenieur) und Valentina Kirlian durchgeführt. Ihnen gelang es mit Hilfe der von Ihnen entwickelten Kirlian-Fotografie so genannte `Lichthöfe´ (Lumineszenzen) lebendiger `Objekte´ (Hände, Finger, Blätter usw.) aufzunehmen. Kirlian war überzeugt, dass er mit diesen Fotos den Energiepegel der jeweiligen Objekte aufzeigte. Die leuchtenden Farben seiner Aufnahmen wurden später mit dem Farbenspiel der Aura verglichen, das Hellsichtige wahrnehmen können. In den siebziger Jahren des letzen Jahrhunderts wurde die Kirlian-Fotografie von Prof. Dr. Konstantin G. Korotkov revolutioniert, indem er das `Objektleuchten´ mit einer digitalen Video-Kamera aufnahm und im PC abspeicherte. Dadurch waren die Messungen jederzeit abruf- und vergleichbar.

Mehr Energie - Mehr Freude - Mehr Leichtigkeit

Das Energieressourcenmodell

Aufbau des Modells

`Wodurch gewinne ich Energie?´, `Wodurch verliere ich Energie?´ sind Fragen, die jeder für sich anders beantworten wird. Dem einen gibt es Energie, wenn er mit Freunden im Straßencafé sitzt, der andere tankt in der Natur auf. Der eine entspannt beim Kochen, der andere im Restaurant. Aber neben diesen individuellen Unterschieden, gibt es Kernbereiche im Leben, die von allen Menschen - unabhängig von individuellen Vorlieben - als Energiequelle genutzt werden können.

Unsere Ressourcen

Um einen besseren Überblick über unsere Ressourcen zu erhalten, habe ich verschiedene Lebensbereiche und deren Zusammenhänge bzw. Wechselwirkungen in einem `Energieressourcen-Modell´ zusammengefasst:

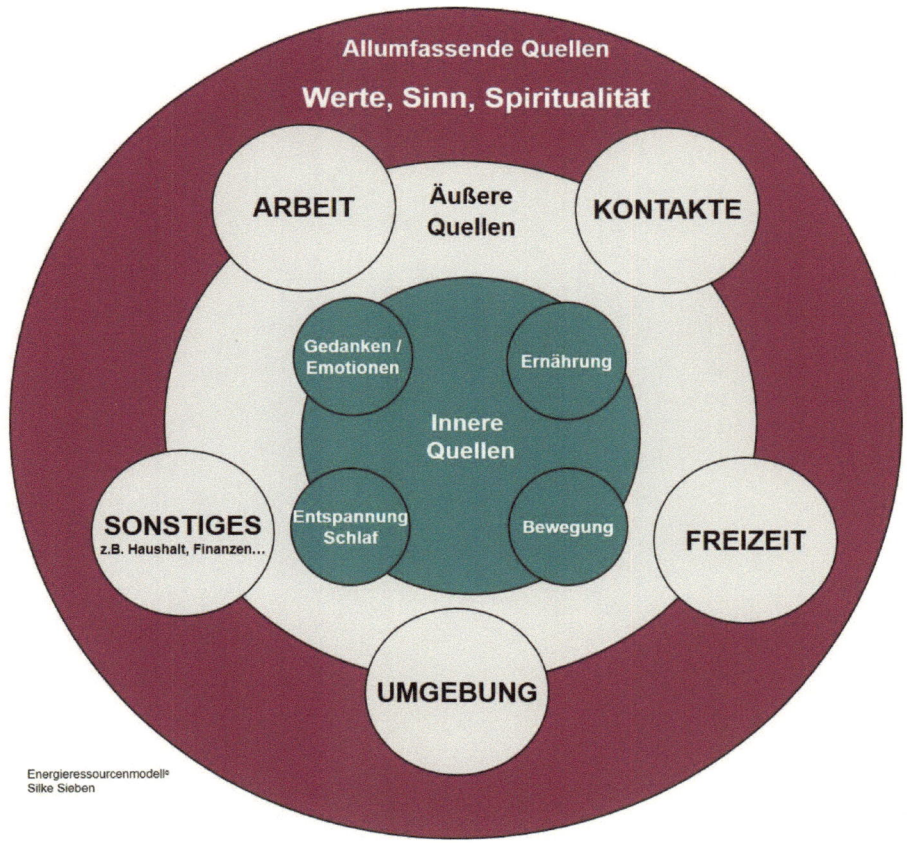

Dabei unterscheide ich zwischen inneren, äußeren und allumfassenden Energiequellen.

o *Die allumfassenden Energiequellen*, wie beispielsweise unsere Werte, unser Lebenssinn, unser Glauben bzw. unsere Spiritualität geben uns eine Orientierung und dienen uns als Kompass. Sie steuern - bewusst oder unbewusst - alle Bereiche unseres Lebens. Aus diesem Grunde habe ich sie in der Grafik den inneren und äußeren Ressourcen unterlegt.

o *Die inneren Energiequellen* umfassen Aspekte wie Ernährung, Bewegung, Entspannung oder auch unsere Gedanken. Um die inneren Energiequellen zu nutzen, müssen wir vor allem mit uns selbst interagieren. Äußere Ressourcen lassen sich nur durch eine Interaktion mit unseren Mitmenschen beeinflussen.

o *Äußere Energiequellen* finden wir in unserer Arbeit, unseren sozialen Kontakten, unseren Freizeitaktivitäten oder auch in unserer täglichen räumlichen Umgebung.

Für jeden mag es zusätzlich noch weitere Energiequellen geben, die in diesem Modell nicht aufgeführt sind (z.B. `Haushalt´ oder `Finanzen´). Dafür habe ich den Punkt `Sonstiges´ mit aufgenommen.

Das Zusammenspiel

Alle Lebensbereiche beeinflussen sich dabei gegenseitig.

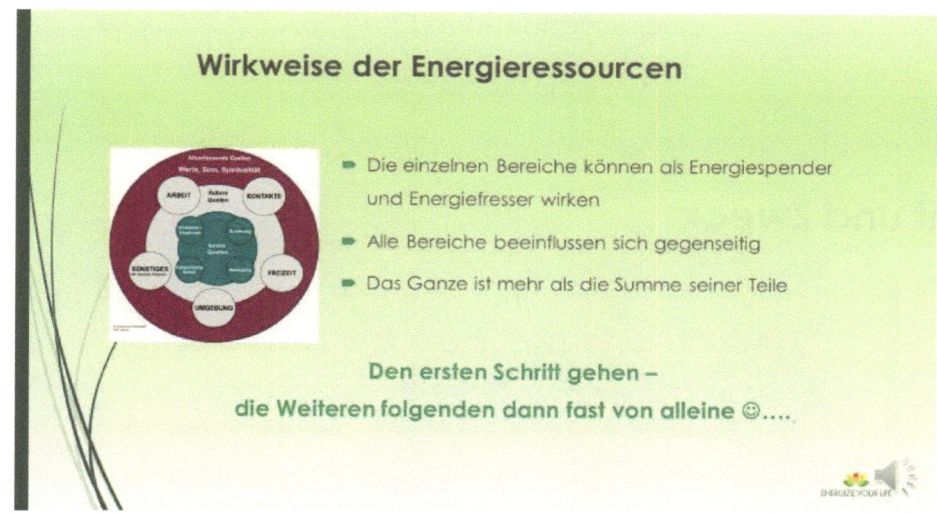

Haben wir beispielsweise Ärger im Job, tragen wir diesen in der Regel mit nach Hause. Müssen wir einen Angehörigen pflegen, so wirkt sich dies meist belastend auf unser ganzes Leben aus. Umgekehrt können wir aber auch einen Frust besser kompensieren, wenn wir ansonsten ein zufriedenes Leben führen. Haben wir zum Beispiel erfüllende Beziehungen zu anderen Menschen, beeinflusst dies unser Stresserleben positiv. Gesunde Ernährung, ausreichend Bewegung und Entspannung, sowie guter Schlaf steigern unsere Fitness und unser Wohlbefinden. Dadurch verbessert sich auch unsere Ausstrahlung, was sich dann so wiederum günstig auf unser Privat- und Arbeitsleben auswirken kann. Harvard Professor Shawn Archor: "Wenn wir im gegenwärtigen Moment positiv sind, funktioniert unser Gehirn besser, sodass wir besser und intelligenter arbeiten."

Unser mentales und emotionales Erleben beeinflusst nicht nur unsere Psyche, sondern auch unseren Körper. Neueste Ergebnisse der Psychoneuroimmunologie zeigen auf, wie sehr körperliche und mentale Vorgänge zusammenhängen und aufeinander einwirken. `Das Ganze ist mehr als die Summe seiner Teile´. Ein Tanz ist mehr als die Summe einzelner Bewegungseinheiten, ein Musikstück ist mehr als die Summe seiner Noten. Und so ist auch unser Leben mehr als die Summe einzelner Bereiche, die nebeneinander existieren, sondern ein Zusammenspiel vieler Faktoren, die sich gegenseitig beeinflussen, und die somit unser Gesamtkunstwerk `Leben´ ergeben. Hier noch ein schönes Zitat von Deepak Chopra, Autor des Buches `Heilung´ (2009):

Mehr Energie - Mehr Freude - Mehr Leichtigkeit

"Das höchste Ziel im Leben ist die Vermählung von Geist und Seele und da der Körper als Bindeglied zwischen den beiden fungiert, verdient er es, im Laufe der Jahre Teil einer vollendenden Einheit zu sein."

Absicht und Zweck

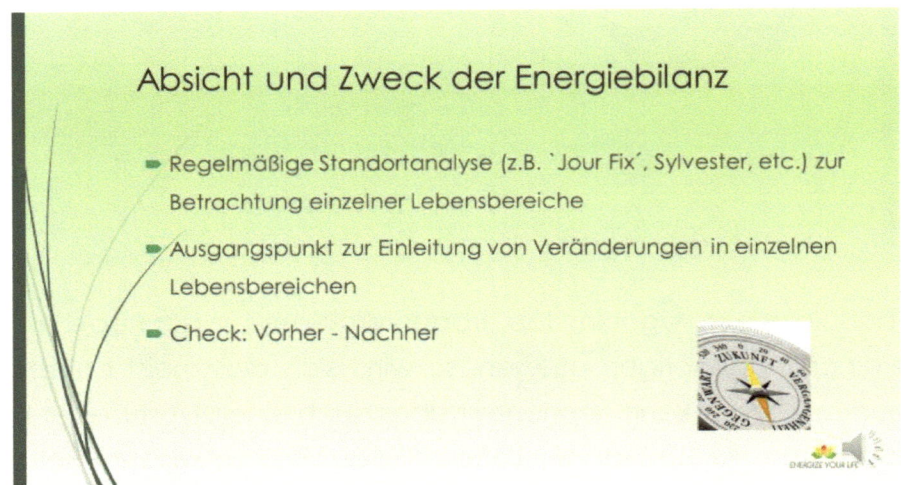

Insgesamt kann das Modell in regelmäßigen oder unregelmäßigen Abständen zur Standortanalyse genutzt werden, um einzelne Lebensbereiche genauer unter die Lupe zu nehmen, Veränderungen genau einschätzen zu können oder auch um sich Ziele zu setzen.

Dabei soll die Struktur eine Betrachtung und Analyse vereinfachen sowie Wechselwirkungen aufzeigen, um so die Planung und Umsetzung von Veränderungen zu erleichtern. Selbstverständlich könnten einzelne Bereiche auch mit anderen Begriffen benannt werden.

Nachdem es in diesem Infosheet sehr theoretisch zugegangen ist, kannst Du in Deinem Worksheet `Meine Energiebilanz´ Deine eigene Energiebilanz erstellen. In dem Infosheet `Tipps´ erhältst Du noch einige wertvolle Tipps zur Steigerung Deines Energieniveaus.

Meine Energiebilanz - Eine Standortanalyse

Einige Fragen vorab

Um zu wissen, welchen Weg die Reise nehmen soll, ist es hilfreich zu erkennen, wo man herkommt und wo man hin will. Hier einige Fragen zur Reflektion. Lese Dir nacheinander die folgenden Fragen durch. Schließe nach jeder Frage die Augen und schreibe, dass, was Du siehst, hörst, riechst und/oder fühlst, unten auf.

Wo warst Du vor 10 Jahren, vor 5 Jahren, vor 2 Jahren, vor einem Jahr?

Stelle Dir vor, Du bist 70 Jahre alt und schaust auf ein erfülltes, zufriedenes und glückliches Leben zurück? Was wären die Kennzeichen eines solchen Lebens?

An welcher Stelle wirst Du angelangt sein, wenn Du den Weg weiterverfolgst, den Du jetzt gehst?

Was musst Du jetzt tun, damit Du mit 70 auf dieses erfüllte, zufriedene und glückliche Leben zurückschauen kann?

Anleitung zur Energiebilanz

Bearbeite diese Anleitung Schritt für Schritt. Vergegenwärtige Dir noch einmal das Energie-Ressourcen-Modell. **Zur Vorbereitung kannst Du Dir die Audiodatei `Meine Reise durch den Alltag´ anhören.** Hier betrachtest Du Dein Leben aus der Vogelperspektive.

Welche Bereiche des Energie-Ressourcen-Modells sind bei Dir zurzeit stärker ausgeprägt, welche weniger? Wie viel Zeit nehmen die jeweiligen Bereiche in Anspruch? Was kostet Dich Energie, was gibt Dir Energie? Welche Eindrücke und Erinnerungen tauchen bei Dir auf, wenn Du an Deinen Alltag, an Dein Leben denkst? Vielleicht lässt Du in Gedanken den gestrigen Tag, die letzte Woche, die letzten Monate oder auch das letzte Jahr vorüberziehen? Welche Stimmungen, Bilder und Situationen tauchen auf?

Füge nun in die Tabelle auf der nächsten Seite den empfundenen Energiegewinn/-verlust **E (Energiepegel)** ein. Wer oder was gibt Dir Energie (Energiespender)? Wer oder was raubt Dir Energie (Energiefresser)? Nutze dafür die nachfolgende Skala:

hoch	3	Energiegewinn
mittel	2	
ein wenig	1	
neutral	0	
ein wenig	-1	
mittel	-2	
hoch	-3	Energieverlust

Trage anschließend ein, wie viel Zeit (**Z = Zeitaufwand**) Du für die jeweiligen Lebensbereiche aufwendest. (vielleicht beobachtest Du Deinen Alltag in den nächsten Tagen daraufhin aufmerksam). Nutze dazu die folgende Skala:

viel	3
mittel	2
wenig	1
gar keine	0

Rechne schließlich Deinen Balancefaktor aus, in dem Du den Wert des Zeitfaktors mit dem Wert des Energiefaktors multiplizierst, wie in den folgenden Beispielen:

Z +3 x E -2 = B -6 (hohe Dysbalance)

Z 0 x E +2 = B 0 (brachliegende Energiequelle)

Z +3 x E +3 = B +9 (hohe Balance)

So können sich Balancewerte zwischen + 9 und – 9 ergeben.

Tabellarische Darstellung meiner Energiebilanz:

Lebensbereiche	Energiepegel (E)	Zeitaufwand (Z)	Balance (B) B = (E) x (Z)
Allumfassende Energiequellen			
Spiritualität / Glaube			
Werte			
Sinn			
Innere Energiequellen			
Ernährung			
Bewegung			
Entspannung			
Schlaf			
Gedanken / Emotionen			
Sonstiges:			
Äußere Energiequellen			
Arbeit			
Soziale Beziehungen			
Partner			
Freunde			

Kollegen			
Eltern			
Kinder:			
Sonstige:			

Freizeit/Hobbys

Umgebung

Arbeitsplatz			
Wohnung			

Sonstiges

Grafische Darstellung meiner Energiebilanz

Damit nicht nur die linke Gehirnhälfte gefordert wird, sondern auch mit Deinem bildlichen Vorstellungsvermögen die rechte Gehirnhälfte, starte ein Experiment und male Deine Lebensbereiche/Personen mit Hilfe von Symbolen (z.B. Kreis, Quadrat, Dreieck, Mond etc.) auf ein Blatt Papier. Hier ein Beispiel:

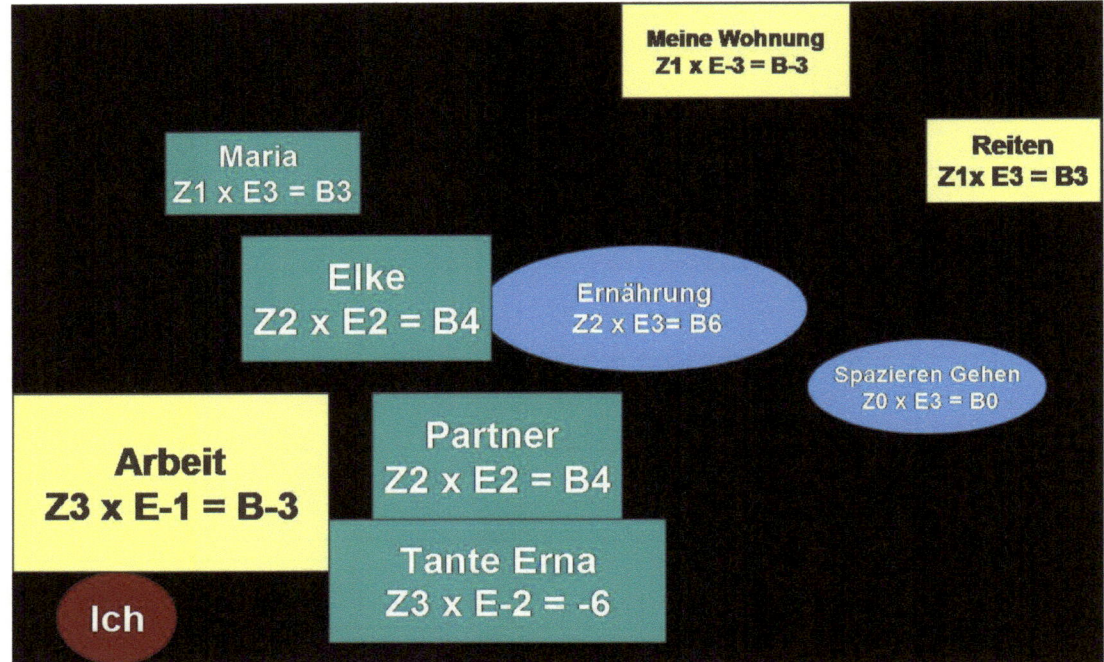

Stelle Dir dabei folgende Fragen: `Wie stehen die Bereiche zueinander?´, `Sind einige besonders präsent o. eher nicht (große o. kleine Symbole)?´, `Wo sehe ich mich in dem Bild?´ Schließe ruhig noch einmal die Augen und gehe gedanklich in die einzelnen Lebensbereiche hinein. Was nimmst Du wahr? Was fühlt sich richtig an? Was fühlt sich nicht so gut an? Vergesse nicht den **Zeitfaktor Z** und **Energiepegel E** in jedes Symbol einzutragen.

Alternativ kannst Du auch kleine Karten zuzuschneiden und sie die dann auf Blatt Papier legen. Das hat den Vorteil, dass Du sie verschieben kannst. Vergesse dann aber nicht, Dein Bild abzufotografieren, so dass Du jederzeit darauf zurückgreifen kannst.

Analyse meiner Energiebilanz

Schaue Dir nun Dein Schaubild an. Was ist Dein erster Eindruck? Beantworte Dir folgende Fragen, um Dein Bild näher zu untersuchen:

- Wo sind Deine **Energiespender**? Welchen Raum nehmen sie in Deiner Collage ein? Welches sind die zwei wichtigsten?

- Welche ungenutzten **Energiequellen** gibt es?

- Wo sind Deine **Energiefresser**? Welchen Raum nehmen sie ein? Welches sind die zwei wichtigsten?

- In welchen Bereichen ist die **Dysbalance** zwischen Energie- und Zeitfaktor besonders hoch? Welches sind die zwei wichtigsten?

Veränderungsbedarf identifizieren

Schreibe die wichtigsten Veränderungen auf, die Du vornehmen möchtest:

- Gibt es Energiequellen, die Du auffrischen oder verstärken möchtest? Was wirst Du dafür tun? Was davon in den nächsten 72 Stunden?

- Gibt es Energieräuber, die Du minimieren bzw. eliminieren möchtest? Was wirst Du dafür tun? Was davon in den nächsten 76 Stunden?

In vier Schritten den Wandel einleiten

Was kannst Du jetzt mit Deiner Energiebilanz machen? Der klassische Weg wäre folgender:

Nachdem Du Deinen Ist-Zustand analysiert hast, wirst Du vielleicht Veränderungspotenzial identifiziert haben. Überlege Dir, welche Konsequenzen Du daraus ziehen und welche Schritte Du dafür einleiten möchtest. Gehe folgendermaßen vor:

1. Entscheidung: Es kann sein, dass Du in einem Schub voll Enthusiasmus alles auf einmal verändern möchtest. Vielleicht weißt Du aber auch nicht, wo Du anfangen sollst, weil Du den Wald vor lauter Bäumen nicht mehr siehst. Um Veränderungen erfolgreich und dauerhaft im Leben zu installieren, ist es sinnvoll, nicht alles auf einmal umkrempeln zu wollen, sondern in kleinen Schritten vorzugehen. Die Gefahr ist sonst zu groß, dass Du vorschnell wieder aufgibst, wenn Dir alles zuviel wird. So ist es ratsam erst eine Entscheidung zu treffen, was Du als erstes angehen möchtest. Du kannst mit Maßnahmen beginnen, die Dir am notwendigsten erscheinen oder mit solchen, die sich besonders schnell und leicht umsetzen lassen. Diese haben den Vorteil, dass die dadurch entstehenden Erfolgserlebnisse Dir wieder mehr Energie für weiter anstehende Veränderungen bereitstellen. Am besten ist es natürlich, mit einer Veränderung zu beginnen, die sich schnell und einfach umsetzen lässt und eine große Wirkung erzielt.

2. Zielsetzung: Damit wir wissen, wo wir hinwollen, ist es wichtig ein konkretes Ziel zu formulieren. Die schriftliche Ausformulierung hilft uns dabei, unsere Gedanken zu klären und das Ziel zu präzisieren. Man kann es immer wieder nachlesen, gegebenenfalls anpassen und so platzieren, dass wir uns immer wieder daran erinnern.

Frage Dich bei Deiner Formulierung:

- o Was will ich erreichen? (Formuliere dabei, **was Du willst** und nicht, was Du nicht willst!)

- o Wie will ich das Ziel erreichen?

- o Ist das Ziel herausfordernd und realistisch?

o Woran erkenne ich, dass ich mein Ziel erreicht habe?

o Wann will ich das Ziel erreicht haben?

o Wirkt das Ziel motivierend auf mich?

3. Zielcheck: Anschließend nimmst Du Dein Ziel kritisch zu `unter die Lupe´. Dazu stellst Du Dir Fragen wie:

o Welche Vorteile bringt das Ziel mit sich?

o Welchen Preis muss ich dafür zahlen?

o Welche Hindernisse kann es geben? Wie kann ich damit umgehen oder sie verhindern?

o Was passiert, wenn ich alles beim Alten lasse?

o Welche Ressourcen brauche ich für mein Vorhaben? Was muss ich dafür tun?

o Mit wem muss ich was absprechen? Wen muss ich informieren?

4. Reiseroute: Abschließend entwickelst Du eine Marschroute, die Dich sicher durch Deinen Alltag zum Ziel führt. Achte dabei auch auf die Machbarkeit hinsichtlich des Zeitfaktors. Plane Deine Schritte in kleinen machbaren Einheiten und sorge für eine Umsetzungsabsicherung. Das kann ein Post it, ein Klingelton auf dem Handy sein, ein Zettel am Badezimmerspiegel, einfach alles, was Dich an Dein Ziel erinnert.

Nach der Umsetzung führe die Standortanalyse erneut durch, und betrachte, wie sich Deine Werte verändert haben. Bei Bedarf, leite anschließend weitere Maßnahmen ein. Hier noch einmal das klassische Vorgehen:

Mehr Energie - Mehr Freude - Mehr Leichtigkeit

Tipps zur Steigerung des Energieniveaus

Tipps, die sofort wirken

Für den Fall, dass Du Dich energielos und ausgepowert fühlst oder Deine Stimmung gegen null tendiert, habe ich einige `Hallo-Wach-Tipps´ und `Gute-Laune-Tipps´ für Dich zusammengestellt, die sofort wirken.

Tipps, die zur nachhaltigen Veränderung im Leben führen

Zum Schluss gebe ich Dir Basistipps an die Hand, die Deinen Energiepegel nachhaltig anheben und Dein Leben dauerhaft verändern werden – vorausgesetzt, Du setzt sie um. Es kann sein, dass dafür die eine oder andere Veränderung in Deinem Leben vornehmen musst. In meiner Online-Akademie findest Du Selbstcoachingkurse, die Dich auf diesem Weg mit Hintergrundinformationen, Tipps und Selbstcoachingeinheiten unterstützen.

Doch zunächst zu den sofort wirkenden Tipps....

`Hallo-Wach-Tipps´

Steh auf und bewege Dich

Gerade, wenn Du viel sitzt, steh auf und bring Deinen Kreislauf in Schwung. Bewege dabei Deine Muskeln und Gelenke, in dem du sie schwingst, drehst, anspannst und entspannst. Alternativ kannst Du auch den Arbeitsraum für einen Treppenlauf oder einen Minispaziergang verlassen. Lege ein flottes Tempo vor. Bleibe mit Deinen Gedanken im Hier und Jetzt. Betrachte die Umgebung, in der Du Dich bewegst.

Recke und strecke Dich

Recke und strecke Dich - im Sitzen oder im Stehen. Hebe dabei Deine Arme über den Kopf, dehne Dich und gähne dabei ausgiebig. Erspüre dabei Deine Muskeln, Sehnen und Gelenke.

Klappere mit den Zähnen

Klappere mit den Zähnen, indem Du den Unter- und Oberkiefer ein paar Mal leicht aufeinanderschlägst (ohne dabei Deine Zähne zu beschädigen). Durch das Geräusch wirst Du wieder wach. Dies hilft besonders bei Müdigkeit während des Autofahrens.

Augen- und Gesichtsgymnastik

Wenn Du Dich unbeobachtet fühlst, lasse Deine Augen hin und her springen: rechts, links, oben, unten. Male eine Acht, lasse sie kreisen oder diagonal hin und her springen. Wenn Du dann parallel dazu noch Grimassen ziehst oder grinst, wird die Durchblutung und der Kreislauf angeregt. Du fühlst dich sofort erfrischt.

Wische Deine Augen feucht

Diese Technik eignet sich besonders direkt nach dem Aufstehen, wenn die Augen noch ungeschminkt sind. Befeuchte Deine Zeigefinger mit etwas Spucke und wische sie dann kurz über Deine geschlossenen Augen. So wirst direkt wach sein.

Nehme eine Sauerstoffdusche

Gehe an die frische Luft oder stelle Dich an das geöffnete Fenster. Atme 2x stoßweise hintereinander ein und 2 x stoßweise wieder aus. Wiederhole diese Doppelatmung einige Male. Das füllt Deine Lungen mit Sauerstoff und stärkt die Immunabwehr. Achte aber bitte darauf, dass Dir dabei nicht schwindelig wird

Palmiere Deine Augen

Stütze die Handballen auf Deinen Wangenknochen ab. Dabei liegt die Außenseite der Hände (die Seite, wo die kleinen Finger sind) am seitlichen Nasenrücken an. Der Handteller bedeckt die geschlossenen Augen, ohne sie direkt zu berühren. Genieße die Dunkelheit. Spüre, wie die Deine Handflächen die Augen entspannen. Übst Du leicht verstärkten Druck auf Deine Wangenknochen aus, hat dies eine befreiende Wirkung auf Deine Nase.

Vertiefe Deine Atmung mit Hilfe der Fingerkuppen oder Handballen

Lege die Kuppen Deiner Zeigefinger und kleinen Finger beider Hände aneinander. Während Du einatmest drücke die Fingerkuppen mit mittlerem Druck aufeinander und lasse sie beim Ausatmen wieder los. Du wirst merken, dass Deine Atmung so tiefer ist, als bei dem Aufeinanderpressen anderer Fingerkuppen. Probiere es einfach aus.

Das gleiche Prinzip gilt, wenn Du die Handballen beider Hände fest aneinanderdrückst. Dazu führst Du Deine Hände wie beim Gebet zusammen. Dann presst Du die Handballen beider Hände für einige Sekunden fest aufeinander.

In beiden Varianten erlebst Du eine tiefgehende Atmung, die alle Körperräume ausfüllt und den gesamten Organismus mit Sauerstoff versorgt.

Tanke Fensterblicke

Gehe ans Fenster und öffne es. Recke und strecke Dich genüsslich. Während Du zehn tiefe Atemzüge nimmst, betrachte in aller Ruhe, was sich Deinen Augen dort draußen bietet. Lasse Deinen Blick gezielt springen: Schaue auf etwas, das sich ganz in Deiner Nähe befindet, dann auf etwas weit Entferntes, anschließend auf einen Punkt in mittlerer Entfernung. Mache so 10 bis 20 Blicksprünge. Genieß die Frische und die Lebendigkeit Deiner Augen.

Nehme einen Powernap

Nehme auf einem Stuhl Platz. Lege Deinen Kopf auf Deine Unterarme, die Du auf dem vor Dir stehenden Tisch abgelegt hast. In Deiner Hand hältst Du einen schweren Schlüsselbund oder einen anderen Gegenstand. Schließe Deine Augen und sinke hinein in einen wunderbaren Zustand der Entspannung. Im tiefsten Schlaftal angekommen, ist Dein Körper vollkommen entspannt. Selbst die Muskeln Deiner Hände sind so schlaff, dass Du den Schlüsselbund nicht mehr halten kannst. Scheppernd fällt er auf den Boden. Du schreckst hoch und bist hellwach. Der Sekundenschlaf ist beendet.

Alternativ kannst Du Dir auch einen Wecker stellen. Oder Du hörst Dir eine Audiodatei mit Naturgeräuschen, wie beispielsweise Meeresrauschen oder Vogelgezwitscher an. Sie dauern meist fünf, zehn, fünfzehn Minuten oder länger. Je nach Zeit entscheidest Du Dich für die eine oder andere Variante. Ist das Abspielen beendet, erwachst Du automatisch. Falls Du aber zu den Tiefschläfern gehören solltest, neben denen man

ein Haus abreißen kann, ohne dass sie davon aufwachen, wäre die Schlüssel- oder Weckervariante vorzuziehen.

Massiere Deine Ohren

Legen die Mittelfinger vor und die Zeigefinger hinter Deine Ohren. Reibe beide Finger kräftig hoch und runter. Danach knetest Du mit Deinen Daumen und Zeigefingern den äußeren Rand der Ohren – also den Ohrknorpel entlang - bis zu den Ohrläppchen. Wiederhole diesen Vorgang einige Male. Das macht wach und fördert die Beweglichkeit der Hals- und Nackenmuskulatur! Dies kannst Du überprüfen, indem Du vor der Übung rechts und links über Deine Schulter blickst, Dir den Punkt merkst, bis wohin Du sehen kannst. Wiederhole dies nach der Übung und überprüfe, bis wohin Dein Blick dann reicht. Du wirst erstaunt sein.

Trinke viel

Trinke viel Wasser oder ungesüßten Tee. Das macht nicht nur wach und fördert gute Laune. Unser Körper braucht Wasser, um zu funktionieren. Viele Krankheiten, aber auch Müdigkeit, Konzentrationsmangel und schlechte Laune haben oft Dehydrierung - also Wassermangel - als Ursache. Trinke 2-3 Liter pro Tag. Es ist ein Trugschluss zu glauben, unser Körper brauche keine Flüssigkeit, nur weil wir keinen Durst verspüren. Durst ist aber oft das letzte Warnsignal des Körpers, dass er unter Wassermangel leidet. Stell dir deshalb immer eine Flasche Wasser neben Deinen Arbeitsplatz und achte darauf, regelmäßig zu trinken. Fügst Du dann dem Wasser noch frische Minze oder Ingwer hinzu, belebt das noch mal zusätzlich. Beides fördert die Durchblutung und wirkt stimulierend auf unseren Kreislauf. Achte darauf, dass Du nicht zuviel Minze nimmst, da diese in großen Mengen den Magen belastet.

Mein besonderer Wachmacher, vor allem, nach einem Powernap ist eine heiße Tasse Tee, vorzugsweise grüner Tee. Das belebt den ganzen Organismus.

Snack dich wach

Aber nicht mit dem Schokoriegel. Der spendet nur kurzfristig neue Energie, um Dich danach umso mehr in einem Tief hängen zu lassen. Besser Du snackst komplexe Kohlenhydrate wie Nüsse, Karotten oder Kohlrabi. Sie spenden Energie ohne den Blutzucker dabei in die Höhe zu treiben. Ein weiterer Vorteil dieser Snackvarianten ist,

dass Du durch die intensive Nutzung Deiner Kaumuskulatur zusätzlich Deinen Kreislauf anregst.

Beim Autofahren

Wirst Du während des Autofahrens von Müdigkeit übermannt, presse Deinen Kopf für einige Sekunden fest gegen die Nackenstütze. Wiederhole diesen Vorgang ein paar Mal. Klapperst Du dann noch mit den Zähnen und lässt Deine Augen hin und her springen, wirst Du in Sekundenschnelle wieder hellwach sein.

`Gute-Laune-Tipps´

Halte Dich glücklich

Unsere Stimmung beeinflusst unsere Körperhaltung und umgekehrt. Wir alle kennen es, wenn wir erschöpft und deprimiert sind, lassen wir unsere Schultern hängen, machen einen krummen Rücken und ziehen die Stirn in Falten.

Richte Dich stattdessen auf: hebe den Kopf, richte Deinen Rücken auf, nehme Deine Schultern etwas zurück und strecke die Brust raus. Achte aber darauf kein Hohlkreuz zu machen oder steif zu sein. Probiere es aus. Spiele damit. Stelle Dich einmal krumm und einmal gerade hin. Erspüre den Unterschied. Du wirst sehen, dass Du Dich direkt besser fühlst. Durch aufrechtes Stehen kannst Du Dein Selbstwertgefühl, Deinen Stresslevel wie auch Deine Stimmung positiv beeinflussen. Studien belegen, dass Menschen, die in Stresssituationen aufrecht sitzen oder stehen, produktiver und positiver sind. Durch eine aufrechte Haltung wird der Testosteronspiegel erhöht und gleichzeitig die Anzahl des Stresshormons Cortisol reduziert.

Darüber hinaus zeugt ein aufrechter Gang in der Wahrnehmung unserer Mitmenschen von Selbstvertrauen und Kompetenz – vorausgesetzt die Körperhaltung wirkt natürlich. Im Zweifel kann man die richtige Körperhaltung vor einem Spiegel ausprobieren.

Auch Dein Körper wird es Dir danken. Verspannungen und Rückenschmerzen lassen sich durch eine aufrechte Körperhaltung vermeiden oder zumindest reduzieren.

Mehr Energie - Mehr Freude - Mehr Leichtigkeit

Sonne Dich glücklich

Lasse Dir – wenn möglich – ein paar Minuten die Sonne ins Gesicht scheinen. Das sorgt nicht nur für einen guten Teint, sondern setzt auch Vitamin D frei, was als natürliches Antidepressivum sofort deine Stimmung anheben wird. Darüber hinaus unterdrückt Sonnenlicht die Produktion des Schlafhormons Melatonin, dass bei Dunkelheit ausgeschüttet wird. Ein paar Minuten Sonne im Gesicht wird Dir sofort neue Energie schenken.

Iss Dich glücklich

Essen macht nicht nur satt, sondern kann auch glücklich oder unglücklich machen.

In mehreren Studien wurde nachgewiesen, dass Menschen, die frisches Gemüse, Früchte, Fisch und Vollkorn essen, also vollwertige und frische Kost, ein geringeres Risiko haben, an einer Depression zu erkranken. Wer hingegen viel Frittiertes, verarbeitete Lebensmittel, Weißmehlprodukte und Süßes zu sich nimmt, steigert sein Risiko nicht nur für die dafür körperlich bekannten Erkrankungen, sondern auch für Depressionen. Vollkornprodukte, Bananen und Ananas haben eines gemeinsam: Sie enthalten viel Serotonin und Omega-3-Fettsäuren, die auch unsere Laune anheben. Hier nun einige Beispiele von stimmungshebenden `Mood-Food´:

o **Dinkel** gegen Depression: schon im Mittelalter verschrieben weise Frauen Dinkel gegen schweres Gemüt. Mehrere im Dinkel vorhandene Inhaltsstoffe sind für die Stimmungsaufhellung verantwortlich. Dinkel besitzt im Vergleich zum Weizen essentielle Aminosäuren, die Ausgangsstoff für Neurotransmitter sind, also die Botenstoffe, die für die Fortleitung auch von frohmachenden Nervenimpulsen im Organismus verantwortlich sind.

o **Lachs, Avocados, Walnüsse und Leinsamen** haben besonders viele Omega-3-Fettsäuren, die für unsere Denkleistung wichtig sind und die Konzentration fördern. Während Transfettsäuren zu Depressionen beitragen können, gelten Omega-3-Fettsäuren als natürliche Antidepressiva.

o **Bananen** beinhalten neben vielen Vitaminen und Spurenelementen auch den Inhaltsstoff Tryptophan, der unser Gehirn bei der Bildung des Glückshormons Serotonin unterstützt.

o Der süß-saure Geschmack von **Himbeeren** in Kombination mit fruchteigenem Vitamin C trägt zu einem frohen Gemüt bei.

- o **Ananas** kurbelt nicht nur den Kreislauf an und beugt durch sein großes Reservoir an Vitamin C Erkältungen und anderen Infektionen vor, es fördert auch die Produktion von Serotonin, unserem körpereigenen Stimmungsaufheller.

- o **Chili** macht glücklich. Das in Chili enthaltene Capsaicin ist für den Schmerz verantwortlich, den wir unmittelbar nach Verspeisen einer Chilischote auf der Zunge verspüren. Lässt der Schmerz jedoch nach, wird das Glückshormon Endorphin ausgeschüttet.

- o **Ingwer** regt nicht nur den Stoffwechsel an und hilft bei Erkältungen. Er hat auch einen positiven Einfluss auf unsere Psyche. Verantwortlich ist die milde Schärfe des Gingerol, das zur Glückshormonausschüttung führt.

- o Die Aminosäure Isoleucin in **Nüssen** steigert die Konzentration und sorgt für eine ausgeglichene Stimmung. Nehme immer die frische Variante und gehe sparsam damit um, da die kleinen Nüsse mit viel Fett und Kalorien zu ´Bauche´ schlagen.

Rieche Dich glücklich

Düfte können unsere Stimmung erheblich beeinflussen, sowohl in die positive, wie in die negative Richtung. Die Duftinformation wird über unsere Nase direkt zum Gehirn gemeldet, genauer gesagt, zum limbischen System, das unsere Emotionen und Stimmungen steuert. Studien belegen, dass bestimmte Düfte Menschen glücklich machen, wie beispielsweise Schokoladenduft. Im Kakao sind hormonähnliche Substanzen, vor allem aber Zucker, enthalten, die positive Stimmungen erzeugen können. Das Schnuppern an einer Zitrone oder an einer Orange vitalisiert uns und lässt unseren Energiepegel augenblicklich ansteigen.

Unsere Erinnerungen werden besonders gut durch Gerüche aktiviert. Das hat damit zu tun, dass die Gerüche – im Gegensatz zu akustischen oder visuellen Eindrücken - ungefiltert in das limbische System geraten, ohne vorab vom Thalamus geprüft zu werden. Sie verbinden sich so unmittelbar mit unseren Gefühlen und haben deshalb eine bessere Chance, im Gedächtnis zu bleiben. Aus diesem Grunde können Gerüche uns nostalgisch stimmen, da sie unmittelbar bewegende Erinnerungen, auch aus einer weit zurückliegenden Vergangenheit wachrufen können.

Hör und tanz Dich glücklich

Auch Musik regt unser Erinnerungsvermögen an. Welche Musik versetzt Dich augenblicklich in einen schönen Moment Deiner Vergangenheit? Welche Musik zaubert Dir ein Lächeln auf die Lippen, lässt Dein Herz höherschlagen und Deine Finger und Füße zum Rhythmus klopfen? Wenn Du die Möglichkeit hast, stell sie an, dreh laut auf und tanze wild und ausgelassen durchs Zimmer. Es werden augenblicklich Glückshormone freigesetzt und Stress abgeschüttelt.

Bewege Dich glücklich

Sport hält nicht nur unseren Körper gesund und vital, sondern hebt auch unsere Stimmung an. Bei sportlicher Betätigung werden Endorphine freigesetzt und die Ausschüttung von Stresshormonen reduziert. So belegen mehrere Studien, dass Ausdauersportarten wie Joggen, Nordic Walking, Walking, Radfahren oder Wandern zum Stressabbau beitragen und die Stimmung positiv beeinflussen. Nach der körperlichen Belastung geht es uns besser und wir sind deutlich entspannter. Viele Dinge, die wir zuvor als Belastung empfunden haben, erscheinen nun in einem positiveren Licht. Darüber hinaus wird durch eine vermehrte Gehirndurchblutung auch unsere geistige Fitness gestärkt. Schon ein Spaziergang bewirkt, dass wir uns trüber Gedanken von der Seele gehen. Studien zeigen, dass Spaziergänge Gedächtnisleistungen fördern und dem Risiko einer Depression entgegenwirken können. Natürlich sind die Spaziergänge in schöner Natur die heilsamsten.

Gehe in die Natur

Die Natur wirkt belebend und stimmungshebend auf allen Ebenen des Seins und birgt Energiequellen aus denen wir unendlich schöpfen können. Alle Sinne kommen hier auf ihre Kosten: Unsere Augen baden sich im Grün der Bäume, unsere Ohren lauschen dem Zwitschern der Vögel, dem Rauschen der Bäume oder dem leise plätschernden Bach. Die Nase labt sich am Duft des frisch gemähten Grases oder am Duft eines Sommerregens. Das Meeresrauschen belebt unseren Geist, und unsere Phantasie lässt sich von den Weiten des Horizontes beflügeln. Bannen wir die Natur auf ein Foto, können wir diesen Eindruck sogar mit in unser Wohnzimmer oder an unseren Arbeitsplatz nehmen, um dort auch noch ein bisschen Energie zu tanken.

Lach Dich glücklich

Lachen ist gesund und vitalisiert Körper und Seele.

Im Gehirn werden während des Lachens die Glückshormone Endorphin und Serotonin produziert und die Ausschüttung des Stresshormons Adrenalin unterdrückt. Dies funktioniert sogar, wenn Du ein Lächeln nur vortäuschst. Die pure Bewegung des Mundes beim Lächeln signalisiert dem Gehirn, dass wir glücklich sind und es schüttet brav seine Glückshormone aus.

Lachen wirkt sich aber nicht nur positiv auf unser Gehirn und unsere Stimmung aus, es stärkt auch unseren Körper, denn Lachen ist wie Leistungssport. Es werden zwischen Kopf und Bauch rund 300 Muskeln angespannt, allein 17 im Gesicht. Wir merken das morgens am Bauchmuskelkater nach einem durchlachten Abend. Durch die schnelle Atmung beim Lachen erhöht sich zudem der Gasaustausch um ein Dreifaches, wodurch der Stoffwechsel angeregt wird und das Herz schneller schlägt. Beruhigen wir uns wieder, weiten sich die Arterien und unser Blutdruck sinkt. Unser Immunsystem wird durch die Neubildung von Antikörpern gestärkt. Wegen der gesundheitsförderlichen Wirkung wird Lachen auch medizinisch zum Beispiel bei Herzinfarktpatienten eingesetzt.

Denk Dich glücklich

Statt Dich auf Deine Probleme und Baustellen im Leben zu fixieren, fokussiere Dich auf alles, was Du schon geschafft und geleistet hast. Konzentriere Dich auf die freudvollen und positiven Aspekte einer Situation. Stelle Dir Fragen wie, `Was liebe ich an meinem Partner?´, `Was ist gut an unserer Beziehung?´, `Was macht mir Spaß an meiner Arbeit?´ oder `Welche Vorteile habe ich durch meinen Job?´.

Durch die Konzentration auf die positive Seite der Medaille, hebt sich automatisch unsere Stimmung, so dass wir genügend Energie daraus ziehen, um auch die Probleme und Baustellen in unserem Leben anzugehen. Dabei sollten wir uns auf die Dinge konzentrieren, die gehen, anstatt auf solche, die nicht gehen.

Klopf Dich glücklich – Aktivierung der Thymusdrüse

In der Thymusdrüse wird ein Hormon produziert, welches unser Immunsystem stärkt und unser Wohlbefinden steigert. Bei Stress und Anspannung zieht sich die Drüse zusammen und stellt ihre Tätigkeit ein. Durch ein leichtes Klopfen mit den Fingerstützen auf das Brustbein lässt sich die Thymusdrüse aktivieren. Schon 15-20-maliges Klopfen genügt. (Technik ist inzwischen wissenschaftlich bewiesen)

Basis-Tipps

Abschließend hier noch einige Basistipps, die unser Energieniveau nachhaltig anheben. Entsprechend des Energieressourcenmodells habe ich die Basistipps in innere, äußere und allumfassende Ressourcen aufgeteilt. Einige davon, hast Du aber auch schon bei den `Hallo-Wach-Tipps´ und den `Gute-Laune-Tipps´ kennen gelernt.

Innere Ressourcen

o Sorge für **ausreichenden und guten Schlaf**, damit sich Körper und Seele regenerieren können. Im Schlaf wird das Wachstumshormon HGH (Human Growth Hormone), ausgeschüttet, was dafür sorgt, dass sich unsere Zellen ständig erneuern. Dieser biochemische Jungbrunnen wird allerdings nur in den ersten Tiefschlafphasen ausgeschüttet. Das bedeutet, je besser die Schlafqualität, umso mehr HGH wird ausgeschüttet. Sind Schlafdauer und Schlafqualität nicht ausreichend, wird nicht genug HGH ausgeschüttet, was sich negativ auf die Gesundheit auswirkt. Die angemessene Schlafdauer für eine gute Gesundheit und Regeneration ist äußerst individuell, liegt jedoch bei einer Vielzahl der Menschen bei ca. 7 - 8 Stunden pro Nacht.

o Wähle **naturbelassene Lebensmittel,** wie Obst, Salat und Gemüse, um genügend Vitamine und Spurenelemente aufzunehmen. Das vitalisiert Körper, Geist und Gemüt.

o **Esse langsam und mäßig**. Dies fördert die Verdauung, Du wirst schneller satt und hast länger was vom Essen. Langes und ausführliches Kauen unterstützt diesen Prozess.

o **Trinke** 2-3 l pro Tag. Dies beeinflusst nicht nur die körperlichen, sondern auch die geistigen und seelischen Prozesse.

o Baue eine **regelmäßige Meditation** in Deinen Alltag ein. Regelmäßige Meditation verändert Deine Gehirnstruktur und fördert die Entwicklung Deiner Persönlichkeit. Dies ist ein schleichender, nachhaltiger und tiefgehender Prozess, der Spuren in Deinem Leben hinterlassen und es nachhaltig zum Positiven verändern wird.

o **Bewege Dich regelmäßig**, um Deine physische und psychische Gesundheit zu stärken. Die WHO empfiehlt für gesunde Erwachsene eine moderate Belastung von mindestens 150 min in der Woche (30 min täglich, die sich auch auf 3 x 10 Minuten am Tag verteilen können) oder eine 75minütige Belastung pro Woche mit höherer

Intensität. Zusätzlich sollte man an zwei Tagen muskelkräftigende Aktivitäten durchführen. Lange Sitzphasen am Stück sind zu vermeiden und durch regelmäßige körperliche Aktivität zu unterbrechen.

o Achte auf ausreichend **Entspannung und Genuss**, um Deinen Stress zu senken und Deine Gelassenheit zu fördern.

o Tanke **regelmäßig frische Luft und Licht**. Dadurch werden Deine Lungen durchlüftet und Deine Stimmung durch die Aufnahme von Vitamin D angehoben.

o Achte auf die **Ausrichtung Deiner Gedanken**. Betreibe `Mentalhygiene´. Dies fördert nicht nur positive Gefühle, sondern verändert auch Deine Körperfunktion in Richtung Regeneration, Erholung und Entspannung.

Äußere Ressourcen

o Achte auf ein lustvolles **Arbeitsleben.** Konzentriere Dich dabei auf die Vorteile Deiner Arbeit und die Dinge, die Dir Freude bereiten. Überlege, wie Du die negativen Aspekte verändern kannst. Wenn das nicht geht, finde einen Weg, sie zu akzeptieren oder suche Dir eine Alternative.

o Achte auf ein erfüllendes **Beziehungsleben.** Wandle energiezehrende Beziehungen in energiespendende Beziehungen um. Frage Dich, was der andere jetzt braucht und was Du ihm geben kannst, damit es ihm gut geht. Verleugne dabei aber nicht Deine eigenen Bedürfnisse und Ansprüche. Was ist Dir wichtig? Frage Dich, was Du brauchst, damit Du Deine Beziehungen als stärkend erlebst. Achte zusammen mit Deinem Beziehungspartner (das kann der Ehepartner, die Freundin oder der Kollege sein), dass Eure Energiebilanz ausgeglichen ist, d.h. dass Geben und Nehmen auf beiden Seiten im Einklang sind.

o Gestalte Deine **Wohn- und Arbeitsumgebung** so, dass Du daraus Energie ziehst. Sowohl in unserer Wohnung, wie auch an unserem Arbeitsplatz verbringen wir die meiste Zeit unseres Tages. Schon mit kleinen Utensilien wie einer Pflanze oder einem schönen Bild oder auch einer speziellen Wandfarbe, können wir erheblich zu unserem Wohlbefinden beitragen.

o Achte auf einen ausgeglichenen **Finanzhaushalt.** Nichts schwächt so sehr wie Schulden oder hohe Ausgaben, ohne die entsprechenden Einnahmen zu erzielen. Ich staune immer wieder, dass die meisten gar nicht genau wissen, wie viel Geld sie ausgeben und für was sie Geld ausgeben, geschweige denn, dass sie einen Überblick über die regelmäßig anfallenden Unkosten hätten. Sie sind am Ende des

Monats nur erstaunt, dass von dem hart verdienten Geld, wenig, nichts oder sogar nur Schulden übrig bleiben.

Das muss nicht so sein. Verschaffe Dir zunächst einen Überblick über alle Deine Ausgaben und Einnahmen (hier hilft doch immer wieder die gute alte Excel-Tabelle). Überlege, welche Spielräume Du hast, um Deine Ausgaben zu reduzieren und die Einnahmen zu maximieren. So kannst Du langfristig ein Finanzpolster aufbauen und – falls vorhanden – Schulden abbauen.

Allumfassende Ressourcen

o Lebe Deine **Werte**: Nichts schwächt so sehr, wie wenn wir ein Leben gegen unsere Werte leben. Erforsche, welche Werte Du in einzelnen Lebensbereichen hast? Vielleicht hast Du im Beruf andere als im Privaten? Überprüfe welche Werte Dir wichtig sind und ob Du sie in den einzelnen Lebensbereichen lebst. Überlege, wie Du sie noch mehr in Deinem Leben installieren kannst.

o Forsche nach Deinem **Lebenssinn:** Freude ist wichtig für die Motivation und das Wohlbefinden. Aber der Sinn gibt uns die Kraft, Hindernisse zu überwinden, ein Motivationstief zu überstehen, durchzuhalten und ein Ziel zu erreichen. Wir alle haben eine Mission, weswegen wir hier sind. Nur manchmal erkennen wir sie nicht. Wir können dieser Mission auf die Spur kommen, in dem wir uns fragen, wodurch oder womit wir dazu beitragen, die Welt ein klein wenig besser zu machen. Die Beantwortung dieser Frage muss nicht unbedingt mit der beruflichen Tätigkeit zusammenhängen.

o Konzentriere Dich auf die **wesentlichen Dinge** in Deinem Leben. Wir schauen Fernsehen, verbringen unsere kostbare Zeit mit Menschen, die uns nicht so wichtig sind, putzen immer wieder die Fenster, obwohl sie nicht schmutzig sind und so weiter. Es gibt viele Dinge im Leben, mit denen wir unsere Zeit verschwenden und dabei versäumen die wesentlichen Dinge im Leben anzugehen. Überlege Dir, was Dir wirklich wichtig ist im Leben und richte Deinen Fokus darauf aus. Frage Dich bei all Deinen Tätigkeiten, ob sie zu den wesentlichen Dingen in Deinem Leben gehören.

Mehr Energie - Mehr Freude - Mehr Leichtigkeit

Zum Abschluss

...wünsche ich Dir ganz viel Freude, Leichtigkeit und Erfolg bei der Umsetzung Deiner Maßnahmen.

Vergesse dabei nicht, immer wieder innezuhalten, um Erfolge zu feiern und Lernerfahrungen Revue passieren zu lassen. Der Weg zum Ziel kann leicht, manchmal aber auch steinig und steil sein. Sei nicht frustriert, wenn es mal nicht so läuft, wie Du es Dir vorstellst. Auch Rückschritte sind normal und gehören dazu. Wichtig ist nur, wie Du damit umgehst. Lerne aus ihnen, bleibe dran, gebe nicht auf und vor allem: vergesse den Humor und das Lachen nicht. Das ist die beste Medizin ☺.

Herzlichst
Deine Silke Sieben
Für ein Leben in Freude, Vitalität und Leichtigkeit

Die Autorin

Silke Sieben ist Dipl. Psychologin und seit 1998 als Trainerin und Beraterin in der Erwachsenenbildung tätig. Als Qualitätsmanagementberaterin begleitete sie Unternehmen bei der Einführung von Qualitätsmanagementsystemen und in der Durchführung von Veränderungsprozessen.

Seit einem persönlichen Verlust beschäftigt sie sich vorwiegend mit der Frage, wie wir durch achtsames Haushalten mit unseren Lebensenergien die Grundvoraussetzungen für ein erfülltes und vitales Leben schaffen können. Bereits als Lehrbeauftragte für Selbstverteidigung, Kampfkunst- und Gesundheitstraining hat sie erfahren, wie wichtig der zielgerichtete Einsatz unserer Energien im Leben ist.

Als Gesundheitsberaterin, Entspannungspädagogin und Mentalcoach führt sie für Unternehmen Seminare zum Thema `Gesundes Arbeiten´ und `Gesundes Führen´ durch. 2018 eröffnete Silke Sieben die `Good-Life-Online-Akademie´, in der sie zahlreiche Online-Kurse für ein glückliches und vitales Leben und Arbeiten anbietet:

Kurse	EASE YOUR LIFE	Der Energie-detektiv	Mental Change	Lust statt Frust im Job	Neue Wege gehen	Stress lass nach	Gesundes Arbeiten
Module	6	1	1	3	6	7	8
Lektionen	7	3	4	12	22	29	32
Videos/Audios	8	4	6	16	26	34	38
Work-/Infosheets	9	4	5	17	28	37	42
Mentalreisen	2	1	1	5	8	9	11
E-Books	1	1	1	3	5	6	7
Anstubser per Mail	4	13	13	13	13	13	13
Länge Zugang Tage	60	365	365	365	365	365	365
Zugang zum Kursforum	x	ja	ja	ja	ja	ja	ja
Preise	19,--	39,--	39,--	99,--	199,--	249,--	299,--

Preise inkl. MwSt.

Weitere Informationen finden Sie im Kurs-Angebot der `Good-Life-Online-Akademie.

Notizen

ENERGIZE YOUR LIFE

Mehr Energie - Mehr Freude - Mehr Leichtigkeit